RÉFLEXIONS
SUR LA CIRCULAIRE DE MONSEIGNEUR
L'ARCHEVÊQUE DE PARIS
ADRESSÉE
AUX CURÉS DE SON DIOCÈSE

RELATIVEMENT AUX OBSÈQUES

DE M. DE BERTHIER
DÉCÉDÉ ANCIEN ÉVÊQUE DE RODEZ.

Ne transgrediaris terminos antiquos,
Quos posuerunt patres tui.
PROVERB. XXII. v. 28.

PRIX : 30 CENTIMES.

PARIS
CHEZ JÉROME, LIBRAIRE, RUE SAINT-SEVERIN, N. 4.

NOVEMBRE 1831.

A MONSEIGNEUR

L'ARCHEVÊQUE DE PARIS.

Monseigneur,

Enfin se présente l'occasion de vous rendre justice. Votre retour à résipiscence, quant aux obsèques du digne curé M. Baillet, éloigné dès 1821 d'une paroisse qu'il desservait avec tant de zèle [1], nous est une preuve bien consolante que

[1] M. Paul-Félix-Joseph Baillet, ancien curé de la paroisse Saint-Severin de Paris, où il avait exercé son ministère pastoral pendant plus de dix-huit années, est décédé le 9 novembre 1834. Contre l'espoir de ses amis, témoins en partie des difficultés qu'avait éprouvées le service de M. de Berthier peu de jours avant, M. le Curé de Saint-Gervais a présidé à la cérémonie, assisté de tout son clergé. L'immense concours de personnes qui assistaient au convoi dénote assez la vénération dont était l'objet ce digne pasteur, scandaleusement enlevé à ses paroissiens depuis plus de dix années.

votre cœur n'est pas, comme le disent vos adversaires, entièrement inaccessible à la voix de la charité. Quelques censeurs austères vous demanderont peut-être comment il se peut faire que vous ayez tenu aussi long-temps sous le poids de l'interdiction un pasteur non moins instruit qu'il était édifiant, alors surtout que vous sembliez gémir chaque année sur la viduité des églises; mais à quoi serviraient ces récriminations, quand vous avez le courage d'avouer aussi humblement votre erreur, en accordant la sépulture ecclésiastique à celui que naguères vous regardiez comme schismatique.

Raisonnant par induction naturelle, permettez-moi, Monseigneur, de supposer un instant votre religion surprise, quant à la circulaire adressée aux curés de votre diocèse, touchant le convoi du vénérable M. de Berthier, ancien évêque de Rodez; circulaire que dément aujourd'hui votre conduite toute de paix et de concorde, dans une circonstance tout-à-fait analogue. Le zèle éclairé qu'a déployé effectivement en cette dernière occasion le respectable curé de Saint-Gervais, ne peut en rien diminuer le mérite de votre tolérance, puisque, de votre autorité diocésaine, vous pouviez, sans contredit, renouveler contre M. Baillet les rigoureuses mesures dont nous venions d'éprouver les pénibles effets.

Ce n'est donc pas à votre grandeur que s'adresseront directement les observations qu'a suggérées le style au moins anti-évangélique de la lettre en question; mais bien à l'ami imprudent, et si peu digne de votre confiance, que son faux zèle a pu porter à vous faire revêtir de votre signature un acte que condamne aujourd'hui votre sollicitude pastorale. Pouvait-il en être autrement, lorsqu'enfin vous avez reconnu qu'il était manifestement contraire aux maximes de la tradition?

Cet exposé sincère, fait à votre louange, vous souffrirez maintenant, Monseigneur, que l'un de vos humbles diocésains se permette, sans prétention autre que celle d'éclairer ses frères en J.-C., de vous soumettre des réflexions qu'il croit de nature à tranquilliser certaines âmes timorées et confiantes, qu'a pu troubler votre fulminante circulaire.

Non, Monseigneur, *les jours de la consolation ne sont pas encore venus pour vous, et vous pouvez nous entretenir de vos douleurs*, puisque, d'une part, il vous reste à gémir sur ces pierres vivantes de votre archevêché, souvenir de tant de remords, et que, de l'autre, vous n'avez pu parvenir encore à rétablir dans votre clergé cette heureuse harmonie qui faisait l'ornement et la force de la primitive Église.

Un nouveau scandale, vous le dites avec raison, *vient d'éclater au milieu de la ville;* scandale qu'a su toutefois amoindrir l'autorité, en s'assurant l'ouverture des portes de l'Église, réclamée avec instance par les nombreux voisins et amis de M. de Berthier, que devaient d'ailleurs garantir d'un pareil refus ses vertus évangéliques et sa pratique notoire de tous les devoirs religieux. *Malheur à celui par qui le scandale arrive*[1], dit l'Écriture; et je conçois très-bien de quelle affliction votre cœur a dû être consumé au souvenir d'une telle maxime.

M. de Berthier, continuez-vous, *ancien évêque constitutionnel de l'Aveyron (Rodez) est mort le 19 octobre, persévérant jusqu'à sa fin dans les principes du schisme et de l'intrusion, etc.* Sans m'arrêter à la puérile distinction que présente la qualité d'évêque de l'Aveyron avec celle d'évêque de Rodez, je l'admets en ce sens qu'il était effectivement *constitutionnel*, et ce n'était pas aujourd'hui qu'on devait lui

---

[1] S. Matth., chap. 18.

en faire un crime. Quant à sa persévérance dans le schisme et l'intrusion, votre louable conduite à l'égard de M. Baillet me dispenserait peut-être d'une certaine discussion sur ce point, puisqu'elle implique condamnation sur ce récent événement; mais, je vous le repète, c'est à votre conseil que j'entends m'adresser, et, je l'avoue, avec moins de ménagement que j'eusse pu le faire avec votre grandeur elle-même.

Vous trouverez cependant naturel que, pour votre justification, je publie hautement que vous êtes resté entièrement étranger aux visites rendues en maladie au vénérable confrère, lequel attendait peut-être cette démarche personnelle de votre sollicitude pastorale, en ce qu'elle vous eût mis à même d'apprécier la sincérité de sa foi. Un seul entretien de cette nature pouvait détourner de sa tête les foudres dont on le menaçait en votre nom.

Ce défaut de visite de son premier pasteur a-t-il pu contribuer à rendre inutiles auprès du défunt *toutes les démarches de charité chrétienne et sacerdotale* que vous dites *avoir été vainement épuisées?* Je l'ignore; mais pour ce qui concerne le schisme et l'intrusion dont l'accuse votre circulaire, je sens le besoin de vous adresser des questions qu'il ne serait pas donné à tous de résoudre facilement.

Serait-il vrai d'abord, Monseigneur, que vous eussiez exigé de M. de Berthier qu'il souscrivît sans réserve aux propositions suivantes :

1°. Rejeter les quatre articles de la déclaration de 1682;
2°. Adhérer à la bulle *Unigenitus;*
3°. Condamner la constitution civile du clergé de 1791;
4°. Rétracter le serment prêté ensuite de cette constitution;

5°. Reconnaître avoir pris part au schisme et à l'intrusion ;
6°. Souscrire à la bulle *Autorem fidei*, en un mot à tous les brefs, bulles, indults, rescrits et autres décrets du Saint-Siège ;
7°. Apposer sa signature au formulaire?

Telle est bien, au dire d'un témoin oculaire, l'exacte nomenclature de toutes les exigences réclamées, de par votre grandeur, sous peine, pour le vénérable M. de Berthier, de se voir privé de la sépulture ecclésiastique. Sans vouloir argumenter de cette sévérité relative comparée à la sage tolérance de l'église lorsqu'elle accorde indistinctement ses prières à tel individu qu'elle suppose seulement catholique, cherchons à établir avant tout le peu de fondement de ces diverses questions, et nous vous aurons alors disculpé d'une ridicule imputation que vous attribuent sans doute à tort vos imprudens subordonnés.

Quoi! ce serait vous, Monseigneur, qui pourriez exiger le rejet des quatre articles de la déclaration du clergé, que l'immortel Bossuet regardait avec raison comme les seuls fondemens de l'église Gallicane et qu'il disait appuyés sur les Saints Canons et sur la tradition des Pères? Où en serions-nous donc, s'il nous fallait aujourd'hui abandonner ces belles maximes que votre prédécesseur à l'Archevêché de Paris et président de cette mémorable assemblée faisait arrêter d'envoyer à tous les évêques, établis pour gouverner les églises gallicanes, afin, disait-il, qu'ils demeurassent tous dans les mêmes sentimens et qu'ils tinssent tous la même doctrine. Permis à l'ardent Lamennais de traiter ces articles d'hérétiques, lui dont vous fûtes mainte fois forcé de redresser les erreurs ou de contenir la fougue inconsidérée, au point de lui rappeler dans la susdite circulaire que le chrétien ne devait *combattre que par la pa-*

tience (Hébreux, 12) et non en appeler à la résistance ou à la force des armes. Cette supposition me semble donc, quant à vous, par trop absurde, et je présume assez bien de vos lumières pour en rejeter encore la faute sur le compte de l'un de vos vicaires.

Il ne peut en être différemment de l'adhésion exigée à la bulle *Unigenitus* que bien des catholiques de nos jours connaissent à peine du titre de son nom, et à laquelle ils veulent pourtant bien se soumettre sans s'être donné le soin de l'approfondir. Pour ces âmes au moins simples, il convient de leur apprendre que cette bulle extorquée au pape Clément XI sur les instances du jésuite Le Tellier, fulmine la condamnation de cent et une propositions extraites d'un ouvrage de Quesnel, approuvé par un grand nombre d'évêques; le tout pour satisfaire à la demande du susdit père jésuite qui avait formellement promis d'en faire condamner plus de cent. Mais outre que ces propositions étaient en tout conformes aux vérités et aux maximes des apôtres comme des premiers docteurs de l'église, il faut ajouter qu'il y eut, dès sa promulgation, appel de cette bulle à un concile général, appel d'ailleurs revêtu de toutes les formes canoniques et sur lequel rien n'a encore été statué. En cet état, que pouvait faire de mieux le vénérable défunt si ce n'est, ainsi qu'il le déclare dans son testament spirituel [1], de se soumettre au jugement qui sera prononcé ultérieurement et qui se fera sans doute encore attendre bien des années, tant il serait difficile de faire condamner de prétendues erreurs que justifie la tradition. Vouloir raviver aujourd'hui cette vieille querelle serait, il faut en convenir,

---

[1] Le testament spirituel de M. de Berthier, déposé entre les mains d'un de ses amis, sera incessamment publié comme profession de foi à opposer aux calomniateurs de cet évêque.

abuser de la crédulité des fidèles et s'éloigner de plus en plus de cet esprit de conciliation si essentielle de nos jours.

Vient ensuite la constitution civile du clergé que je crois être franchement le principal grief opposé à M. de Berthier. Sur cette question, vous en jugerez, Monseigneur, il nous sera plus facile encore de triompher des anciennes préventions. Si vous admettez d'abord, comme je dois le supposer, que parmi tous les articles de cette constitution il n'en est aucun qui porte atteinte au dogme ou à la foi, force vous sera de convenir que, relativement aux circonstances, la France Chrétienne a dû s'applaudir avec transport de voir quelques pasteurs courageux ne pas consentir, comme le mercenaire de l'Évangile, à abandonner le troupeau confié à leur garde. Sans leur appui, il faut le reconnaître, l'impie se fût réjoui de voir la religion bannie pour long-temps peut-être de notre patrie; et la charité me défend de soupçonner que tel puisse être le funeste résultat que se promettaient les inflexibles adversaires de la constitution civile.

A ces considérations assez graves se joignent naturellement, Monseigneur, l'entier oubli proclamé par le Pape de toutes les opinions y relatives, ainsi que le démontre le concordat de 1801, la reconnaissance formelle par vos vénérables prédécesseurs, je dirais presque par votre grandeur elle-même, des titres de M. de Berthier, comme évêque, au point de lui laisser administrer les sacremens et célébrer pendant nombre d'années le Saint-Sacrifice de la Messe dans toute l'étendue de votre diocèse, ce qui me semble au moins prouver contre le schisme et l'intrusion. Aussi s'expliquait-on difficilement les motifs qui pouvaient vous avoir si subitement animé d'une telle indignation contre des prêtres respectables, et on ne pouvait s'imaginer qu'au moment où les tribulations vous accablent personnellement, vous ayez pu concevoir l'idée d'en déverser de plus amères sur ceux qui ont porté tout le poids du jour dans des circonstances au moins aussi difficiles que celles où vous pouvez vous trouver.

La bulle *Sollicitudo* que nous devons à la piété du Saint-Père devait d'ailleurs, comme monument de sagesse, vous tracer la marche à suivre en certaines occurrences; c'est peut-être à cette instruction que nous devons de vous voir revenir à de plus conciliantes dispositions.

Admettant un instant comme légitimes les raisons alléguées par M. de Berthier, vous penserez aisément, Monseigneur, qu'il ne pouvait pas davantage rétracter un serment consciencieux à la susdite constitution et encore moins reconnaître avoir pris part au schime et à l'intrusion. Le principe justifié, ses dernières exigences se réfutent d'elles-mêmes, et je me croirais coupable de vous attribuer une injonction qui ne tiendrait à rien moins qu'à pousser au parjure. Dieu me garde d'un pareil soupçon à l'égard de votre grandeur; de récens bouleversemens vous ont dû faire assez apprécier le grave résultat de la violation des sermens pour m'arrêter plus long-temps à une telle idée, tant elle affligerait votre cœur.

Je ne vous imputerai pas davantage ce qui concerne la bulle *Autorem fidei* à laquelle vous auriez exigé que souscrivît encore le vénérable défunt. Cette bulle, qui proclame hautement l'infaillibilité du Pape, frappe, il est vrai, de censure un grand nombre de propositions tirées du Synode de Pistoie en 1786. Sans contester en rien le titre d'*Alter Christus* qui y est donné au Saint-Père, par analogie sans doute à la monarchie absolue que réclame pour sa Sainteté le fougueux Lamennais, vous me permettrez de vous faire observer, Monseigneur, que, comme celles de Quesnel, la plupart de ces propositions sont en tout conformes aux maximes de l'église et par conséquent orthodoxes. Les termes de cette bulle, vous le savez d'ailleurs, sont aussi par trop contraires aux principes et aux libertés de l'église gallicane que vous preniez l'engagement vous-même, il y a peu de temps, de faire enseigner dans vos séminaires, pour qu'un vrai catholique consente à s'y soumettre sans aucune réserve. Non plus que son digne ami M. Baillet enlevé pour le même motif à un troupeau qui le chérissait, M. de Berthier ne pouvait adhérer à un acte de l'autorité ecclésiastique non érigé en loi de l'état et qui conséquemment ne saurait être exécutoire dans le royaume de France. Tolérez donc, je vous en conjure au nom du clergé gallican, tolérez ce sage scrupule d'ecclésiastiques éclairés qui ne consentiraient jamais à se départir de la ligne que leur ont tracée d'immortels évêques leurs prédécesseurs, sans qu'ils aient eu la douleur de se voir rejeter du sein de l'église.

Ce n'est pas plus sérieusement sans doute qu'on prescrivait au même évêque constitutionnel de souscrire à tous les brefs, bulles, indults, rescrits et autres décrets émanés du Saint-Siége. Sans parler en effet de pièces étranges, pour ne rien dire de plus, qui se trouveraient comprises dans cet assemblage de constitutions apostoliques telles que la trop fameuse bulle *Unam sanctam*, que Philippe-le-Bel fit brûler publiquement à Paris, celle non moins remarquable *in Cœná Domini* et beaucoup d'autres encore plus révoltantes, ne voyez-vous pas que par cette singulière combinaison, Monseigneur, vous en viendriez à faire approuver le fameux Bref qui abolit à jamais la Compagnie de Jésus. Telle ne peut être sans doute votre idée et votre prédilection bien connue pour cette docte Société, me garantit assez que ce n'est pas de votre assentiment qu'est émané un pareil ordre.

Je ne m'étendrai pas longuement sur le *formulaire* auquel M. Berthier avoue avoir souscrit il y a quelques années, tout en s'excusant d'une faiblesse qu'il a reconnue depuis, et pour l'explication de laquelle conduite je me permettrai de vous renvoyer à son testament spirituel dont la lecture ne peut que vous être un sujet d'édification.

Je pense n'avoir rien omis, Monseigneur, des motifs qui ont pu déterminer M. de Berthier à se refuser de souscrire aux propositions qui lui ont été soumises en votre nom, motifs que doit admettre aujourd'hui votre religion mieux éclairée et qui vous font déplorer sans aucun doute les suites fâcheuses qu'a eues cet événement.

Ils ajoutent également à ma conviction que vous n'avez pu, contrairement à la charité qui doit diriger toutes vos actions, et aux principes évangéliques qui vous prescrivent de ne pas condamner vos frères si vous ne voulez vous exposer à votre propre condamnation, consentir aussi légèrement à fulminer une telle censure contre l'un de vos vénérables confrères au point de le déclarer *en rebellion contre l'autorité de l'église catholique.*

Aussi vos fidèles diocésains attendent-ils de votre sollicitude que, complètement désabusé comme vous devez l'être aujourd'hui et en votre qualité de *sentinelle établie sur la maison de Dieu*, vous daigniez, Monseigneur, élever de nouveau la voix pour rassurer leurs consciences qu'avait troublées votre dernière pastorale.

C'est avec le respect et la soumission dus à votre caractère épiscopal qu'ils réclament de vos lumières cette condescendance à leurs vœux. Vous ne devez pas douter que cette voix, qu'il leur est si doux d'entendre quand elle parle au nom de la charité, et qui ne sera plus pour eux une cymbale retentissante, les rappellera au bercail sacré où, sous votre sainte égide, ils attendront *avec patience le triomphe de la foi.*

Tels sont du moins, Monseigneur, les sentimens de l'humble

pêcheur qui s'est permis, au risque d'encourir le reproche de téméraire, de vous adresser des réflexions qu'il a cru utiles de porter aux pieds de son premier pasteur, dussent-elles déplaire à quelques-uns de ses conseillers imprudens.

Il a l'honneur d'être avec respect, de votre grandeur,

   Monseigneur,

       Le très-fidèle et très-soumis diocésain,

        . . . .

Paris, 14 novembre 1831.

N. B. Nous empruntons au *Journal Omnibus*, du 30 octobre 1831, un article explicatif des faits qui ont motivé la circulaire de l'archevêque.

« A voir les feuilles apostoliques s'évertuer depuis quelques jours sur un prétendu crime commis contre l'église et le radical *Avenir*, en appeler à tous les catholiques pour se venger d'un nouvel attentat contre leurs libertés, il semblerait vraiment qu'il s'agit d'une atroce persécution contre les membres du clergé ou tout au moins du martyre de l'un d'eux. On en jugera par le simple exposé des faits tels qu'ils peuvent être attestés par un grand nombre de témoins.

« Un ecclésiastique octogénaire, le respectable M. de Berthier, ancien évêque *constitutionnel* de Rodez, vient de décéder sur la paroisse de Saint-Louis-en-l'île.

« Vénéré de tout son quartier tant pour son inépuisable charité que pour une piété digne de la primitive église, ses nombreux amis durent s'efforcer de lui faire rendre les honneurs ecclésiastiques dus à son rang et que semblaient lui assurer d'ailleurs ses vertus évangéliques et une pratique notoire de tous les devoirs religieux.

« On s'adressa en conséquence au curé de la paroisse qui, pénétré, de son propre aveu, de la plus profonde estime pour le défunt, objecta pourtant ne pouvoir acquiescer à la demande qui lui était faite par suite d'ordres ultérieurs qui lui enjoignaient de refuser l'entrée de son église au vénérable évêque. Mêmes démarches furent tentées auprès du vicaire-général M. Jalabert; même refus, et toujours motivé sur la déférence à l'autorité supérieure. En cet état on ne pouvait plus en référer qu'à M. de Quélen lui-même, et son absence de Paris, circonstance assez singulière le jour où l'on célébrait, en l'église Notre-Dame, un service pour son prédécesseur M. de Périgord, mettait dans l'impossibilité de le consulter. Il fallut donc recourir à l'autorité civile, et c'est là seulement que l'on rencontra la bienveillante intervention sans laquelle on eût eu peut-être à déplorer de graves désordres que présageait l'immense affluence de personnes qui s'étaient rendues au domicile mortuaire et que l'on évalue à 2,000 environ.

« Grâce enfin à cette louable intervention et aux sages mesures prises par l'autorité tant pour s'assurer l'ouverture du temple que pour suppléer aux ornemens qui avaient été enlevés, tout se passa avec calme et décence. Le corps fut présenté à l'église, suivi d'un nombreux cortége de parens, de voisins et d'amis que n'avait pas effrayés la pluie qui tombait par torrens; en l'absence du clergé de la paroisse, l'office fut célébré par le courageux abbé M. Grieu, le même qui avait rendu ce dernier service à M. Grégoire, et par quelques dignes prêtres que ne peuvent atteindre les foudres de Monseigneur. La crainte d'une interdiction en avait effectivement retenu beaucoup d'autres qui se promettaient de rendre ce dernier hommage aux vertus du défunt.

« Si le respect et le recueillement qui ont présidé à la cérémonie ont pu causer quelque dépit à M. l'archevêque, ils lui auront du moins démontré que l'on n'a pas cette fois spéculé sur le scandale ni fait un appel aux passions. Cette conspiration toute de prières s'est terminée par une collecte en faveur des pauvres dont le montant a été versé entre les mains du maire de l'arrondissement.

« On se demande, après ce récit, ce qui peut justifier la qualification de parjure et de sacrilége que M. Lamennais se plaît à adresser au ministère dont il ne peut nier au moins le droit à l'ouverture des temples. N'y a-t-il pas lieu plutôt de gémir sur l'obstination des membres du clergé à poursuivre des opinions constitutionnelles dont le concordat de 1801 a proclamé l'entier oubli, et se montrer ainsi hostiles envers un gouvernement qui pourtant les rétribue assez largement pour obtenir leur soumission. »

FIN.